臺灣百年經典車站　高雄篇

南進王座的帝冠：一代風華高雄驛

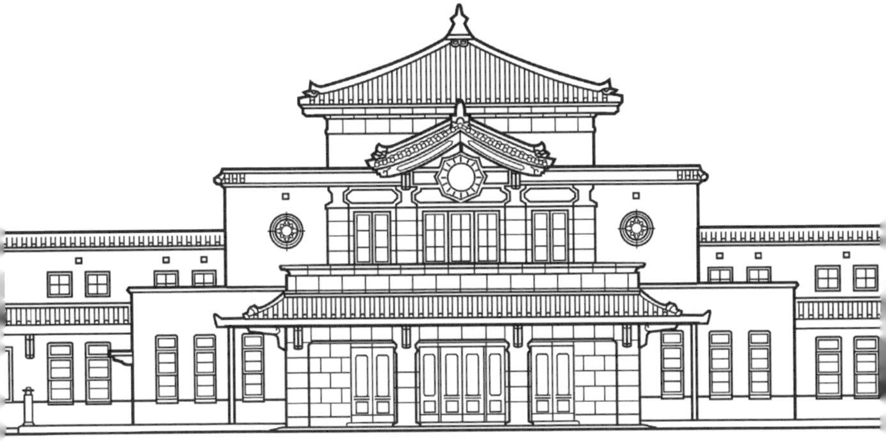

緒論

臺灣鐵道運輸始於清代，一八八七年臺灣巡撫劉銘傳奏建基隆至臺南鐵路，成立「全臺鐵路商務總局」，同年開工，一八九一年臺北至基隆路線通車。邵友濂接任巡撫，一八九三年建至新竹即考量線路工程困難、經費過鉅停建，全長一〇六．七公里。當時車站稱為火車票房，其中臺北站設於大稻埕，因為未辦客運，僅辦貨運業務，車站建築與今日認知有相當差距，比較像是一座停放及維修車輛的大型鐵骨棚架，其他地方小站則多為傳統民居形式的小型構造物，尚未有將車站建築視為城市地標的象徵需求。

進入日本時代，臺灣總督府延續清代未竟計畫，持續建設全島鐵路系統，一八九五年臺灣總督府成立「臨時臺灣鐵道隊」，一八九九年成立「臨時臺灣鐵道敷設部」，同年改組為「臺灣總督府鐵道部」，一九〇〇年完成日本統治臺灣後初建新線路打狗至臺南路線，各座車站也成為出入城市的地標而廣為人知。而原先的臺北車站（大稻埕火車票房）以鐵軌製作的屋頂棚架構造，則拆卸重組再利用為臺北工場內的車輛塗裝工場及車輛修理工場兩棟建築，延長構造物的生命歷程。

從縱貫線幾座大城市的車站形式與規模，可以理解日本時代鐵路與城市發展的順序關係。落成於明治及大正年間，一九〇八年啟用的基隆車站、一九〇一年啟用的第二代臺北車站、一九一三年啟用的新竹車站，以及一九一七年啟用的臺中車站等，屬於人口眾多城市的大站，構造為磚造牆體、金屬桁架屋頂的組合，表現出英國與德國歷史主義樣式，兩層樓的站體卻相當於一般民宅四到五層樓的高度，其中基隆、新竹和臺中車站還設有高聳尖塔，都使得車站成為城市一望即知的門面及地標。但是這些歷史主義風格車站，客車售票口卻都不大，反映早期鐵道業務仍以貨運及軍事運輸功能為主。

昭和年間嘉義車站於一九三三年、臺南車站於一九三七年、高雄車站於一九四〇年，陸續改建原本的木造站舍，臺北車站也於一九四一年改建第三代站舍，這些新站體門窗柱拱等的古典樣式裝飾語彙減少，裝飾藝術線條與圖案點綴於風格簡潔的鋼筋混凝土構造站體，形成折衷主義風格，高雄站則為配合南進國策，加上象徵復興亞洲的帝冠式屋頂。這幾座站舍已不再追求透過高聳塔樓塑造城市地標的效果，但量體規模仍然讓這些鋼筋混凝土的龐然車站在城市佔據主角位置。

與戰前日本各城鎮車站相較，即能比對出臺灣車站的風格形式在鐵道建築體系中的發展脈絡。日本早期擬洋風車站，如啟用於一八七二年的新橋車站、橫濱車站，由美國技師理查德．珀金斯．布里吉斯（Richard Perkins Bridgens）設計的木石混構站體，構造簡單，樣式單純，設計考量強調機能性。一九一二年落成的萬世橋站，已是由日本本土養成的建築專業者辰野金吾設計的作品，磚造建築表情充滿官廳的威嚴，反映國營事業的權威感，由鐵道省工務局技師長谷川馨設計，落成於一九一五年的二代橫濱車站也是此一脈絡的作品，可與臺灣的基隆車站、臺北車站及臺中車站比較。而落成於一九〇一年的第二代大阪車站、落成於一九一四年的第二代京都車站，則是可與新竹車站對照的仿石造歷史主義表情。

關東大地震後，鋼筋混凝土構造普及，影響車站建築風格進入象徵現代表情的折衷主義，如一九三二年啟用的上野車站、一九三四年啟用的小樽車站、一九三七年啟用的大連車站，與嘉義車站、臺南車站、第三代臺北車站可視為同一風格脈絡下的作品，在機械及工業化風格的內在構造之外，點綴裝飾藝術（Art déco）或少許古典風格的外壁裝飾。落成於一九三四年的第二代奈良車站，因為考量地方傳統建築風貌的天際線，屋頂採用寺社佛塔造型元素，與因應南進政策採用帝冠的高雄車站，雖然風格成因背景不同，但仍可視為同屬於興亞式脈絡的作品。

中華民國時期，在早期尚未具備文化資產保存觀念的時代，因應鐵道線路在戰後的修復與載客量擴張，許多反映時代特徵的車站遭到拆除改建，包括西部七大車站中的基隆車站、臺北車站等，直到一九九五年，由十二個民間文史團體組成的「推動臺灣火車站保存再生行動聯盟」主辦，以及另外十六個團體協辦「『行過鐵枝路，相逢火車頭』——臺灣西部老車站保存與再生活動」，在各地展開行動呼籲，提出保存這些跨越時代老車站的訴求，後來才被陸續被指定為古蹟保存，至今方能繼續扮演城市地標及重要歷史場景。如今七大車站中尚存者，臺中與高雄車站已經功成身退，正在等待迎接未來的新任務，而新竹、嘉義和臺南車站仍在服役中，這些已是法定文化資產的老車站也需要持續維護保養、拆除不當增建，才能以它們最完美的狀態陪伴城市持續成長，並讓人在此譜寫更多屬於這塊土地的故事。

高雄車站

南進王座的帝冠

高雄市三民區建國二路三一八號

臺灣進入日本時代，最初由日軍在打狗港興建陸軍補給廠輕便鐵道，鋪設到現在哨船頭第一船渠附近，一八八九年為配合縱貫鐵路興建，由臨時臺灣鐵道鋪設部接收輕便鐵道「打狗至臺南」段，由打狗港運送興建縱貫鐵路南部線的材料。

第一代木造建築打狗停車場（車站）建於一九〇〇年，位置為鹽埕埔車路頂山下町十七番地，約在今日鼓山一路八十七巷口，隨著縱貫線「打狗至臺南」段通車開始營運。一九〇七年另闢鳳山支線，經由三塊厝、大港埔至鳳山，此後再延伸至屏東，為今屏東線前身。

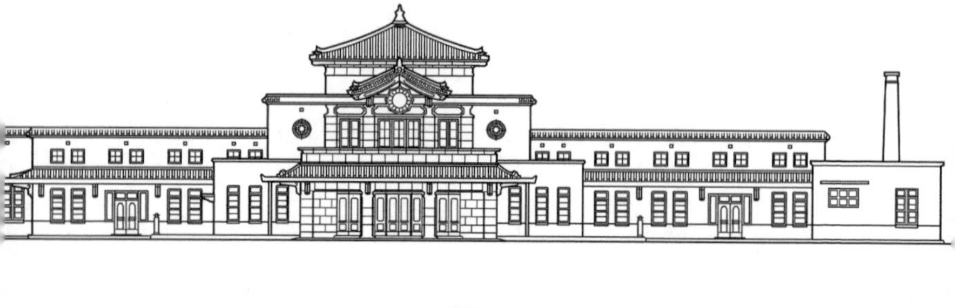

THE TAKAO STATION, THE SOUTH TERMINAL OF THE RAIL-WAY TRAVERSING TAIWAN, TAKAO.
（高雄）縱貫線の最南端、高雄驛

舊高雄驛

一九二〇年田健治郎總督改革地方行政區域，打狗改稱高雄，打狗驛也隨之更名為高雄驛。一九三六年高雄州發表「大高雄都市計畫」，高雄規劃發展方向由今鹽埕區及鼓山區逐漸往內東移。該計畫將高雄市定位成以軍需工業為重點重工業都市，並將車站遷至當時腹地寬廣的新市區，一九三七年動工，一九四〇年落成，次年六月二十二日啟用，同日原高雄車站改稱高雄港車站。高雄車站位於縱貫線、屏東線與臨港線交會處，兼具「始發」與「終站」功能，車站規模龐大，有全臺最寬的前後站間距。

日本時代的高雄市景

落成於戰爭時期的高雄新站舍由總督府交通局建築係設計，清水組承建，座落於今日的三民區，以往屬於大港，南臨今日屬於新興區的大港埔，皆屬於日本時代大高雄都市計畫的新市區。面對今日中山一路的道路要衝軸線端點，地標及紀念性強烈，也凸顯此座車站最重要的屋頂帝冠式特徵。與更早完成的臺北、嘉義和臺南等同樣全棟採鋼骨鋼筋混凝土新式構造車站相較，高雄車站的屋頂反映城市被賦予南進政策的期許象徵。

FRONT VIEW OF THE TAKAO PREFECTURAL OFFICE, TAKAO.
（高雄名勝）高雄州廳の偉觀
山形屋發行

日本時代的高雄市景

（高雄市 山形屋發行）
高雄港岸壁上屋倉庫華＝「クレーン」
（七五）

日本時代的高雄市景

在西洋建築的屋身加上東方傳統形式的屋頂，在日本近代建築引入西洋風格與技術的過程中，早在明治維新初期就充滿許多文化融合的嘗試作品，但是出現帝冠式這個名詞，則要到一九一八年舉辦國會議事堂案競圖時，由建築家下田菊太郎自行提出了心目中的理想方案——帶有國族意識，把日本城堡、宮殿與西洋新古典主義風格量體融合的樣式。一九三二年滿洲國成立，在主導的城市及官方建築規劃方案的日本建築家討論下，共同訂定此種將東方屋頂與西方屋身併和的設計，做為建構新國家認同的表情，打造大量質量皆具，至今仍大多持續使用的各種官廳設施。後來日本進入全國動員的戰爭時期，為了在意識形態代表亞洲對抗西方文化，再次推崇此種建築，並提出「興亞式」命名之，旨在「復興亞洲」，高雄車站就是在這樣的時代背景下的作品。值得一提的是這頂國族主義的大帽子也有地方智慧的參與，原本在設計圖的階段，中軸線對應的是俗稱哭瓦的筒瓦，後在營造階段接受匠師遵循傳統廟宇慣例的建議，改為俗稱笑瓦的板瓦至中，呈現現代與傳統的對話成果。

高雄車站的主體為鋼骨鋼筋混凝土構造，外牆臺度為洗石子，主體牆則貼正方形面磚，牆簷以瓦簷收邊，牆身構造厚達二十五至三十公分。車站頂部以鋼構造屋架構成四角攢尖頂，頂端承塔剎，屋面上覆深綠色三彩陶瓦，脊飾以鳥頭造型收尾，正立面二樓屋簷設千鳥破風，破風下開八角飾圓窗，二樓立面採光長窗與圓窗交錯，東西合併的帝冠風格，可與落成於一九三三年的京都市美術館比較。立面形成「高」字，則與建於一九三九年的高雄市役所、落成於一九九九年的高雄八五大樓承先啟後，皆為以「高」字形象代表城市象徵的地標。

站體平面格局為「T」字形，接近對稱而東翼略長。大門入內後為挑高售票大廳，空間寬敞採光良好，大廳挑空，以四根圓柱支撐屋頂，天花板做格狀樑，與屋頂相接處屋簷、屋身位置，以鋼筋混凝土仿埃及棕櫚葉柱頭與木構造雀替、斗拱等造型裝飾。室內各入口門框採磨石子並有浮雕裝飾，正門兩側的紅帽行李員室「赤帽室」、售票房、服務臺、設備機房及公共電話間，大廳後方銜接月臺的長條形空間，由西向東依序為儲藏室、剪票員辦公室、三等候車室、手提行李託付處、頭二等候車室、餐廳、配膳室、廚房、冷凍室、餐廳經理室、貴賓室、廁所及站務人員休息處，東翼餐廳設有天井提供採光通風，站內與外界皆有玄關或雨庇連結。頭二等候車室內牆面掛花崗岩板、三等候車室內覆方形面磚。貴賓室門框有仿石材浮雕，木門上有銅製花雕門把，室內以木作裝修，壁體內嵌落地鏡，地面有馬賽克拼花磁磚，天花板有水晶燈，華貴程度為昭和時代興建的臺灣車站之首。遮雨棚屋架構造形式延續嘉義、臺南車站，但跨距小、數量多，平面安排與臺北車站類似。

第三代高雄車站歷經港都工業化時代，見證戰後加工出口的榮景，伴隨城市發展至二○○二年三月二十七日發出最後一班列車，因應市區鐵路地下化工程功成身退。二○○二年八月十六日啟動遷移工程保存，將站體向東南搬遷八二．六公尺。得標廠商吉普營造企業有限公司，則是繼承清水組的日商清水建設在臺分公司，還有一位當年參與興建的清水組技師到場見證。因站體重達三千五百公噸的鋼骨鋼筋混凝土構造，若以切割方式搬遷造成的破壞太大，故使用總掘工法，將站體撐起於下方舖設鋼軌，在柱腳基礎上裝設水平千斤頂使用油壓機推動，推動建築物平行位移。千斤頂衝程限制六十公分，故需不斷重複移動與再架設，每次架設約需一小時，移動約費時十至十五分鐘，平均移動速度約為每分鐘一公分，八月二十九日上午十點〇八分抵達定點，共計十六天移動八二．六公尺。

爾後由高雄市工務局承租經過室內裝修做為願景館開館營運，供民眾了解建設歷史與未來計畫，二〇一三年更名高雄鐵路地下化展示館。可惜的是原本位於原址，屬於車站一部分而未搬遷的舊站長室，已於二〇一二年遭到拆除，無法做為未來移回的基準。另有原位於站前紀念舊地名大港埔的紅鯉魚雕像，也是戰後重要的集體記憶，預計於二〇二三年與車站一併移回站前廣場。

高雄市民歌

昭和16年2月發行 野口雨情 作詞 岩崎千藏 作曲
藤山一郎 二葉明子 唄

1. 国土の南　君しるや
雲も五彩に　かがやきて
黑潮よせて　華と咲き
名も高雄市と　世に響く

你知道嗎？在國土的南方
閃爍著雲彩繽紛的
黑潮聚集之地
高雄市有如花蕾盛開　馳名世界

2. 万里海原（うなばら）　前にあり
船の出入りは　数知れず
南方飛躍の　基をば
ここに築きて　栄えゆく

前方的萬里海洋
無數的船舶出入
南方飛躍的高雄市
煥發著榮耀之光

3. 工業興り　地は実り
なびく煙は　たゆるなく
新興港都の　よそおいを
凝らして今ぞ　輝けり

工業在此突飛猛進
產業的煙囪加速運轉之中
港都民眾的凝聚力量
正綻放著成就的光芒

4. 御代万歳を　壽きの
峰に朝日の　影さして
港賑わい　人つどい
わが市のほまれ　いや高し

祝賀天皇延壽萬歲
迎向旭日的山峰影下
進步繁榮的高雄市 俱增的勤奮市民
城市之榮耀 日新月異的進步中

| 附錄 01 |

日本時代歷史珍貴照片

埠頭に櫛比する大阪商船會社支店、
高雄青果同業組合及水上警察署

附錄 02

日本時代歷史珍貴照片

高雄本邦最南端に繁盛を極ぬろ高雄市街の一部

（臺灣高雄）臺灣南部第一の高雄海水浴場
The most famous Takao sea-bathing at the sonth Taiwan

｜附錄 03｜
日本時代歷史珍貴照片

臺灣南部第一の高雄海水浴場

(臺灣高雄) 風光佳なる高雄臨海道路
The Takao Rinkai road near sea

｜附錄 04｜
日本時代歷史珍貴照片

風光佳なる高雄臨海道路

南進王座的帝冠：一代風華高雄驛

作　　者　凌宗魁、氫酸鉀
寫真提供　廖明睿
責任編輯　林君亭
美術設計　林恆葦　源生設計
出 版 者　前衛出版社
10468 台北市中山區農安街 153 號 4 樓之 3
Tel：02-2586-5708　　Fax：02-2586-3758
郵撥帳號：05625551
E-mail：a4791@ms15.hinet.net
http://www.avanguard.com.tw
出版總監　林文欽
法律顧問　南國春秋法律事務所
出版日期　2019 年 2 月初版一刷
總 經 銷　紅螞蟻圖書有限公司
台北市內湖區舊宗路二段 121 巷 19 號
Tel：02-2795-3656　　Fax：02-2795-4100
定　　價　新台幣 1000 元

Printed in Taiwan　ISBN 978-957-801-8648